파브르 곤충기 9
파브르와 손녀 루시의 구멍벌 여행

지연리 그림

서양화와 조형 미술을 공부했습니다. 〈꾸뻬 씨의 행복 여행〉을 시작으로 〈북극 허풍담〉 등을 우리말로 옮겼으며 〈유리 갑옷〉 〈작은 것들을 위한 시: BTS 노래 산문〉 외 여러 도서에 그림을 그렸습니다. 저서로 〈자루 속 세상〉 〈걱정 많은 새〉 〈자기가 누구인지 모르는 코끼리 이야기〉 〈파란심장〉 〈작고 아름다운 니체의 철학수업〉 〈라무에게 물어봐 - 본다는 것에 대하여〉가 있습니다. 2004년 정헌 메세나 청년 작가상, 2020년 눈높이 아동문학대전 그림책 대상을 수상했습니다.

조경숙 엮음

대학에서 국문학을 공부하고, 「돌이와 바다」로 월간 '샘터'의 엄마가 쓴 동화상, 「마음으로 듣는 소리」로 계몽아동문학상, 「그림 아이」로 방정환문학상을 받았습니다. 지금까지 쓴 작품으로 〈나는야, 늙은 5학년〉 〈만길이의 봄〉 〈공을 차라 공찬희!〉 〈천문대 골목의 비밀〉 〈1764 비밀의 책〉 〈조선 축구를 지켜라!〉 〈비밀 지도〉 들이 있습니다.

파브르 곤충기 9
파브르와 손녀 루시의 구멍벌 여행

Jean Henri Fabre 원작

1판 1쇄 인쇄 2024년 3월 20일 | 1판 1쇄 발행 2024년 3월 29일

엮은이 조경숙 | 그린이 지연리
펴낸이 정중모 | 펴낸곳 열림원어린이 | 등록 1988년 1월 21일(제406-2000-000202호)
편집장 서경진 | 편집 정혜연, 김보라 | 디자인 권순영 | 마케팅 김선규 | 홍보 최은서, 고다희
온라인사업팀 서명희 | 제작 윤준수 | 관리 고은정, 구지영, 홍수진
주소 경기도 파주시 회동길 152
전화 031-955-0670 | 팩스 031-955-0661 | 홈페이지 www.yolimwon.com
전자우편 bbchild@yolimwon.com
ISBN 978-89-6155-116-8 77400, 978-89-6155-985-0(세트)
어린이제품안전특별법에 의한 제품 표시
제조자명 열림원어린이 | 제조년월 2024년 3월 | 제조국 대한민국 | 사용연령 7세 이상

파브르 곤충기 9

파브르와 손녀 루시의 구멍벌 여행

열림원어린이

파브르는 평생 곤충의 시선으로

진리와 자연을 바라보려고 한

진정한 과학자였다.

읽기 전에

　이이잉 벌이 날아옵니다. 이크, 침에 쏘일라. 겁나죠? 하지만 벌은 아무 때나 침을 쓰지는 않는답니다. 꼭 필요할 때만 쓰지요. 특히 구멍벌은 마치 의사처럼 침을 사용합니다. 먹잇감을 발견하면 먼저 침을 찔러 상대가 움직이지 못하도록 마비시킵니다. 그런 다음 집으로 가져가 그 위에 알을 낳고 집의 입구를 막아 버리지요. 나중에 알에서 깬 애벌레는 안전한 집 안에서 아직 죽지 않은 신선한 먹이를 먹고 자라 어른 벌이 되는 겁니다.

어떻게 먹이가 죽지 않냐고요? 마취 의사인 엄마 구멍벌의 기막힌 기술 덕분이지요. 그 먹이에게는 끔찍한 일이지만 마취를 당한 먹이는 애벌레가 자신을 다 먹어 치울 때까지 살아 있게 됩니다.

아, 저기 구멍벌의 마취가 시작되었군요!

살금살금 오세요. 구멍벌의 수술에 방해되지 않도록.

차례

구멍벌의 독침 맛 좀 볼래?

사냥하는 기술은 어디서 배우지? 16

구멍벌은 다 할 수 있다고? 42

덩치 큰 여치를 잡을 수 있을까? 74

엄마처럼 마취 의사가 될래요! 126

파브르 선생님은 구멍벌의 마취 기술에 관심이 많았습니다.

그러나 좀처럼 구멍벌이 직접 마취하는 모습을 볼 수가 없었습니다.

사람들은 무작정 구멍벌을 기다리며 하루 종일 한자리에 앉아 있는 파브르 선생님을 이상하게 여겼지만 그래도 파브르 선생님은 끈질기게 기다렸지요.

드디어 구멍벌이 나타났습니다.

구멍벌 중에서도 여치를 잡아먹는 랑그도크 구멍벌입니다.

그런데 어쩌죠?

구멍벌은 이미 마취를 끝낸 모양입니다.

먹이가 된 여치가 힘없이 질질 끌려가고 있었거든요.

파브르 선생님은 또 마취 장면을 놓친 것이 안타까웠습니다.

바로 그때 여치가 풀에 다리를 걸고 버티는 것이었습니다.

마취가 되어도 더듬이나 다리 끝은 움직일 수 있으니까요.

여치가 끝까지 버티며 힘들게 하자 구멍벌은 여치를 내려놓고 또 한 번 수술을 했습니다.

뇌의 신경절을 깨문 것입니다.

파브르 선생님은 집으로 돌아가 조금 전에 본 대로 수술을 해 보았습니다.

역시 여치가 쭉 뻗어 버렸습니다.

하지만 기뻐할 일이 아니었습니다.

그 여치는 진짜 다시 깨어나지 못했거든요.

사실, 구멍벌은 여치를 죽은 듯하게 마취를 시킨 것이지 완전히 죽인 것은 아니었답니다.

20년이 지나서야 파브르 선생님은 마침내 구멍벌의 마취 장면을 처음부터 끝까지 제대로 볼 수 있었습니다.

파브르 선생님의 아들의 도움이 아주 컸지요.

그런데 여러 가지 실험을 하다 보니 구멍벌은 해부학자나 마취 의사보다 더 놀라운 기술을 발휘하는가 하면 생각지도 못한 어리석은 짓도 한다는 것을 알게 되었습니다.

그러니까 구멍벌은 본능에 따라 컴퓨터처럼 정해진 일을 하는 것이지 그때그때 맞는 일을 스스로 생각해서 판단하지는 못한다는 것입니다.

 파브르 할아버지와 손녀 루시가 지금부터 구멍벌 색동이의 삶을 지켜보려 합니다. 함께 구멍벌 세상 여행을 떠나요.

사냥하는 기술은 어디서 배우지?

"자, 이제 나도 어른이다!"

구멍벌 색동이는 벌집에서 기어 나오며 소리쳤습니다.

집 밖은 밝고 따뜻했습니다.

7월의 씩씩한 해님이 온 세상을 빛으로 감싸 주고 있던 것입니다.

색동이는 호리호리한 몸을 이끌고 세상 구경에 나섰습니다. 색동이는 하늘의 구름도, 커다란 나무도, 예쁜 꽃들도 신기하기만 했습니다. 색동이에게는 그 모든 것들이 처음이니까요.

그때 저만치에서 노래기벌 아주머니가 나타났습니다.

색동이는 노래기벌 아주머니가 괜히 반가워 잉잉 날갯짓을 했습니다.

그러나 노래기벌 아주머니는 쌩하고 색동이 곁을 지나쳐 갔습니다.

색동이는 움찔 놀라 한 발 뒤로 물러섰습니다.

뒤를 돌아보니 그새 노래기벌 아주머니는 색동이 뒤에 있던 바구미를 낚아챘습니다.

바구미는 튼튼한 갑옷을 입은 친구였는데, 몸이

날래지 못해 노래기벌 아주머니에게 잡힌 것입니다.

"느리긴 하지만 저 바구미는 그래도 갑옷을 입고 있는걸? 아무래도 노래기벌 아주머니가 사냥감을 잘못 잡은 것 같아."

그런데 참 이상하죠?

노래기벌 아주머니가 어떻게 했는지 바구미가 죽은 듯 꼼짝을 못 하는 것이었습니다.

색동이는 눈을 비벼 보았습니다.

"아니, 그동안 무슨 일이 있었지? 눈 깜짝할 사이였는데."

노래기벌 아주머니는 느긋하게 바구미를 안다가 자기를 멍청하게 바라보고 있는 색동이를 발견했습니다.

색동이가 용기를 내어 물었습니다.

"저……, 저 바구미는 왜 꼼짝도 않죠?"

노래기벌 아주머니는 씽긋 웃었습니다.

사냥도 만족스럽게 끝난 데다가 어린 구멍벌인 색동이가 자기를 우러러보고 있으니 기분이 좀 우쭐해졌습니다.

"허리가 늘씬한 걸 보니 너도 사냥벌이구나. 음,

그중에서도 넌 구멍벌인 것 같구나."

"제가 구멍벌이라고요? 아주머니가 그렇다면 맞는 거겠죠. 아무튼 전 지금 막 집에서 나왔어요. 세상이 이렇게 넓고 아름다운지 처음 알았죠. 모든 게 다 신기하지만 아주머니가 방금 보여 준 사냥만큼 신기한 건 없는 것 같아요."

색동이의 칭찬에 노래기벌 아주머니는 하하 웃었습니다.

"그렇게 생각하니? 하지만 지금 내가 한 일은 너도 할 수 있는 일이란다. 지금 당장은 아니겠지만 곧 할 수 있지. 우리 같은 사냥벌은 누구나 다 하는 일이니까."

색동이는 깜짝 놀랐습니다.

"저도 그렇게 할 수 있다고요? 그럼 저도 바구미를 죽이는 건가요?"

노래기벌 아주머니는 얼굴을 찡그렸습니다.

그러곤 바구미를 다시 내려놓았습니다.

"넌 내가 이 바구미를 죽였다고 생각하니? 그렇지 않단다. 이리 와 보렴. 얜 아직 살아 있어. 앞으로 2주일 동안은 문제없이 살 수 있지."

색동이는 가만가만 바구미 앞으로 가 보았습니다. 저런, 노래기벌 아주머니의 말처럼 바구미가 살아 있었습니다.

바구미의 더듬이가 파르르 떨리고 있는 게 분명히 보였습니다.

"그, 그렇군요! 살아 있는 게 틀림없어요. 그런데 왜 움직이지 않는 거죠?"

노래기벌 아주머니는 별일 아니라는 듯 말했습니다.

"이런 걸 마취술이라고 한단다. 너도 크면 다 알게 돼. 걱정할 것 하나 없단다. 그리고 참, 너희 같은 구멍벌들은 좀 더 부드러운 곤충을 잡는다고 하더라. 귀뚜라미나 여치 같은 것 말이다. 그럼 난 바빠서 이만."

노래기벌 아주머니는 바구미를 안고 휭 날아가 버렸습니다.

혼자 남은 색동이는 곰곰 생각했습니다.
"나도 저런 근사한 일을 할 수 있게 된다고? 진짜일까? 그런데 저런 기술은 어디서 배우는 걸까? 학원에 가야 하나? 그리고 귀뚜라미나 여치

는 어떻게 생겼지?"

 색동이는 혼자 중얼거리며 주위를 돌아다녔습니다.

아직도 색동이의 눈에는 모든 것이 낯설기만 했습니다.
그런데 어디선가 아주 향긋한 냄새가 났습니다.
그 냄새를 맡자 배가 고파졌습니다.
색동이는 주위를 둘러보았습니다.
나무 뒤쪽에 엉겅퀴꽃들이 잔뜩 피어 있는 것이 보였습니다.
좋은 냄새는 바로 거기에서 나는 것이었습니다.
색동이는 붕 하고 엉겅퀴꽃으로 날아갔습니다.
"음, 바로 이거야. 냠냠……."
정신없이 엉겅퀴꽃을 빨던 색동이가 문득 히죽이며 웃었습니다.

노래기벌 아주머니가 착각한 거야

허리가 늘씬한 벌은 모두 사냥벌인가?

그런 법이 어딨어?

난 꿀이 좋은걸

난 꽃가루가 좋은걸

사냥보다 꽃구경이 더 좋은걸

노래기벌 아주머니가 착각한 거야

난 여기 이 꽃밭에서 행복하게 살 거야

색동이는 며칠 동안 엉겅퀴 꽃밭에서 살다시피 했습니다. 꽃은 어디에나 피어 있었고 색동이는 이곳저곳 구경을 다니다 배가 고프면 아무 꽃에

나 내려앉았습니다.

그러곤 맛난 꿀을 쭉쭉 마음껏 먹었지요.

아주 편하고 행복한 나날이었습니다.

그러던 어느 날 잉잉이를 만났습니다.

잉잉이도 색동이와 비슷하게 생겼습니다.

둘은 허리가 잘록하고 몸은 검은색입니다. 또한 키도 비슷비슷했습니다.

"너도 구멍벌이니?"

잉잉이가 먼저 물었습니다.

"글쎄, 며칠 전에 노래기벌 아주머니가 나더러 구멍벌이라고 하긴 했지만 난 모르겠어. 구멍벌은 사냥을 하는 벌이라던데 난 그냥 꿀이나 꽃가루가 좋거든. 사냥은 전혀 할 줄 몰라."

색동이의 말에 잉잉이가 깔깔 웃었습니다.

"아직은 그렇겠지."

"'아직은'이라니, 무슨 뜻이야?"

어리둥절해하는 색동이를 보고 잉잉이가 말했습니다.

"정 궁금하면 나를 따라와."

"어디 가는데?"

잉잉이는 색동이의 말에 대꾸도 않고 휭 날아갔습니다. 색동이도 따라갔습니다.

색동이가 좋아하는 엉겅퀴 꽃밭도 지나고 실개천도 지났습니다.

그러자 얕은 계곡이 나왔습니다.

잉잉이는 그곳을 잘 알고 있는 듯
계곡의 바위 밑으로 날아갔습니다.

구멍벌은 다 할 수 있다고?

잉잉이가 데려간 곳은 바로 마취 학교였습니다.
계곡 밑, 햇볕이 잘 들어 따뜻한 곳에 그 마취 학교

가 있었습니다. 색동이는 어리둥절해져 그 자리에 멈춰 섰습니다.

"어서 와, 친구!"

잉잉이가 재촉해도 색동이는 선뜻 들어설 엄두가 나지 않았습니다.

보다 못한 잉잉이가 말했습니다.

"이곳의 잘록 선생님은 굉장한 마취 의사이셔. 우리에게 필요한 마취 기술은 모두 알고 계시지."

색동이도 어디선가 잘록 선생님에 대한 이야기를 들은 적이 있습니다.

하지만 꼭 배워야 하는 걸까?

색동이는 지금처럼 살면 굳이 사냥을 하지 않아도 될 것 같았습니다.

잉잉이가 색동이의 마음을 들여다보기라도 한 듯 말했습니다.

"넌 아직 모르나 본데, 우린 곧 결혼을 해야 한다고. 그러면 우리의 아기를 위해서 사냥을 해야 돼. 그러려면 마취 기술을 잘 익혀야 하지."

잉잉이는 말을 마치자마자 학교 안으로 들어가 버렸습니다. 색동이는 그제야 아, 하고 고개를 끄덕였습니다.

그러고는 두근거리는 가슴으로 문을 열고 학교로 들어섰습니다.

구멍벌 사이에서는 아주 유명한 마취 학교에 입학한 것입니다.

색동이는 여치 먹이반이 되고 잉잉이는 귀뚜라미 먹이반이 되었습니다.

수업 시작종이 울리자 유명하신 잘록 선생님이 들어오셨습니다.

잘록 선생님은 아주 날렵하게 생겼습니다.

허리가 유난히 잘록한 데다가 허리띠도 아주 새빨갰습니다.

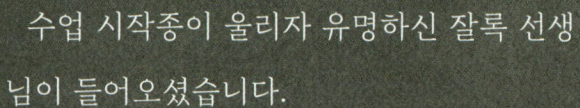

첫 시간에 잘록 선생님은 학생들의 키부터 쟀습니다.

"음, 넌 키가 크구나. 28밀리미터나 된다."

"넌 작은데. 20밀리미터야."

색동이는 25밀리미터였습니다.

모두의 키를 재신 잘록 선생님은 학생들의 키가 19밀리미터에서 28밀리미터까지라고 했습니다.

색동이는 중간에서 조금 큰 정도입니다.

"그런데 너희가 잡아야 할 여치는 키가
45밀리미터나 된단다."
잘록 선생님의 말씀에 모두들 깜짝
놀랐습니다.
45밀리미터라면 구멍벌 키의 거의
두 배나 되는 것이니까요.

더구나 여치의 큰턱은 정말 힘이 세서 한번 물리면 구멍벌의 몸이 찢어질 정도라는 겁니다.

 여치가 짧은 날개를 서로 비벼 '찌르찌르' 날카로운 소리를 낸다는 것도 배웠습니다.

 그다음 시간에는 어떤 곳에 집을 짓는 게 좋은지에 대해 배웠습니다.

 구멍벌의 집은 낡은 벽에서 돌이 빠져서 생긴 움푹한 곳이나, 지금 이 학교처럼 계곡의 벼랑에 평평한 돌이 튀어나와 비를 맞지 않는 곳이 적당하다고 합니다.

 하지만 무엇보다도 햇빛이 구석구석 비추는 따뜻한 곳이라야 합니다.

그러면서도 구멍 파기에 어렵지 않은 부드러운 흙이 있어야 하겠지요.

"여치가 여기저기 흩어져서 살고 있으니 우리도 여치가 살 만한 곳에 집을 지을 수밖에 없단다. 여치는 워낙 크고 무거우니 운반하는 것도 생각해야 하거든. 그러니까 그 근처에 집을 짓고 혼자 살아야 한다는 말이지."

 잘록 선생님은 잡는 먹이가 무거운가 가벼운가, 또 많이 있는가 없는가에 따라 무리를 지어 생활하는 벌과 혼자 살아가는 벌이 정해진다는 것도 가르쳐 주셨습니다.

잉잉이처럼 20밀리미터 정도 되는 귀뚜라미를 잡는 구멍벌은 함께 모여 살기도 한다고 배웠습니다.

색동이는 잉잉이가 부러웠습니다.

두 번째 시간이 끝나고 쉬는 시간이 되자 색동이는 학교 앞 꽃밭으로 갔습니다.

공부를 해서 그런지 배가 더 고팠습니다.

색동이는 쭉쭉 꿀을 빨아 먹었습니다.

귀뚜라미 먹이반이 된 잉잉이도 꽃밭으로 나왔습니다.

색동이는 너무 반가워 소리쳤습니다.

"잉잉아, 여기야!"

잉잉이도 기뻐하며 날아왔습니다.

"색동이구나. 어때, 공부가 힘들지 않니?"

"아니, 재미있어. 여기 와서 많은 걸 배우게 되었어. 다 네 덕분이야."

잉잉이가 웃었습니다.

"무슨 소릴. 나도 친구가 생겨서 좋은걸."

세 번째 시간에 잘록 선생님은 여치 인형을 가져오셨습니다.

가장 중요한 마취 기술에 대해 배우는 시간입니다.

"이 인형으로 연습은 할 수 있지만 진짜 여치는 움직인다는 것을 잊지 마라. 그리고 언제나 암컷 여치를 잡아야 한다는 것도 꼭 기억해야 해. 만약 실수로라도 수컷을 잡아 너희들 아기에게

먹이로 주었다간 아기들이 모두 영양실조에 걸리고 말 테니까."
 드디어 잘록 선생님의 시범이 시작되었습니다. 잘록 선생님은 큰턱을 쫙 벌려 여치 인형의 등을 물었습니다.

그리고 옆쪽을 향해 꽁무니를 굽혀 끝에 달린 독침으로 여치 인형의 가슴을 겨냥해 쏘았습니다.

"이러면 여치는 움직임이 둔해져 저항을 못 하게 되지."

이번에는 목 아래를 노렸습니다.

잘록 선생님은 여치 인형을 꽉 눌러 목 아래가 크게 벌어지게 해서 조심스럽게 찔렀습니다.

"이곳은 식도가 있는 곳이란다. 그 속에 있는 신경을 찌르면 큰턱과 더듬이도 움직이지 않게 되지. 그러나 우리가 쏘는 곳은 가슴에 있는 신경절이야. 여치의 가슴은 딱딱하기 때문에 대신 목으로 침을 찔러 넣는 거지. 이렇게 가슴을 쏘인 여치는 몸을 떨지도 못하게 되는 거란다. 실이 끊어진 꼭두각시처럼 말이야."

학생들은 잘록 선생님의 재빠르고 정확한 솜씨에 입을 딱 벌렸습니다.

잘록 선생님이 계속 말씀하셨습니다.

"우리는 먹이의 몸을 잘 알고 있어야 해. 단 한 방에 꼼짝 못 하게 만들어야 하니까 말이다."

그다음에는 무거운 먹이의 운반에 대해 배웠습니다. 여치를 마취시킨 후 구멍벌은 혼자 미리 만들어 놓은 집으로 돌아갑니다. 문을 열어 두려는 것입니다. 그러곤 다시 돌아와 여치를 집까지 옮기기 시작합니다.

이때 여치는 마취가 되긴 했지만 더듬이와 다리 끝부분이 조금씩 움직인다는 것을 잊으면 안 됩니다.

이제 먹이인 여치 위에 올라타고 큰턱으로 더듬이를 꽉 뭅니다.

그리고 다리에 힘을 주어 조금씩 끌고 가면 됩니다. 먹이가 너무 무겁기 때문에 비단벌레나 바구미를 옮기는 다른 사냥벌들처럼 먹이를 안고 단숨에 날아가지 못하는 것입니다.

"무겁고 힘들기는 하지만 여치 한 마리만 집에 넣어 놓으면 그것으로 너희가 할 일은 끝이다. 물론 여치의 배 위 제일 안전한 곳에 너희의 소중한 알을 낳아야지."

그다음은 문단속하는 것을 잊지 말아야 한다고 하시며 잘록 선생님은 수업을 끝냈습니다.

"너희에게 가르칠 것은 다 가르쳤다. 나머지는 너희 스스로 터득해야 하는 거란다. 너희 모두 구멍벌이니까 겁내지 말고 차근차근 하다 보면 저절로 알게 될 거다. 구멍벌이라면 누구나 다 할 수 있는 일이니까 말이다."

우리들은 해부학자
우리들은 마취 의사

우리가 가진 수술용 칼은
엉덩이의 침 하나뿐
가늘고 약한 침 하나뿐

그러니 재빠르게
그러니 정확하게

딱 그곳을 찔러야 하지
신경의 중심, 바로 그곳을

그럼 우리 발밑에
아기의 먹이가 쭉
뻗게 되지

우리는 해부학자
우리는 마취 의사

학생들은 졸업 노래를 부르며 학교를 나왔습니다.

 마침 학교를 졸업하고 얼마 뒤 색동이는 수벌과 짝짓기를 했습니다.
 벌써 8월, 한여름입니다.
 이제 서둘러 집도 짓고 사냥도 해야 하는 때가 온 것입니다.
 "내가 학교에서 배운 대로 잘할 수 있을까?"
 색동이는 걱정을 하면서도 집 지을 만한 곳을

찾아다녔습니다.

우선 여치가 많이 살 만한 장소를 찾아야 합니다.

사냥한 곳에서 너무 멀면 안 되니까요.

거기다 너무 눈에 띄지 않는 곳이어야 합니다.

물론 부드러운 흙도 꼭 필요하지요.

색동이는 학교에서 배운 것들을 하나하나 떠올리며 경사진 비탈에도 가 보고 들판도 훑어보았습니다.

그러나 좀처럼 마음에 드는 곳을 찾을 수가 없었습니다.

그렇게 한참을 돌아다니다 우람한 플라타너스 한 그루가 우뚝 서 있는 곳까지 왔습니다.

그 옆에는 오래된 건물도 한 채 있었습니다.

색동이는 플라타너스와 낡은 건물을 유심히 바라보다가 고개를 끄덕였습니다.

"흠, 이곳이 적당할 것 같군. 그래, 여기야. 우선 이 나무 근처에 여치가 많을 것 같아. 풀이 이렇게 우거져 있잖아? 그리고 저 건물 지붕 밑에 집을 지으면 아주 근사하겠어."

 마음을 정한 색동이는 서둘러 건물 지붕 밑으로 날아가 보았습니다.
 땅에서 지붕까지의 높이가 7~8미터쯤 되었지만 색동이에게야 문제가 안 되지요.
 색동이의 생각대로 지붕 밑에는 흙이 두껍게 쌓여 있었습니다.
 그런 흙은 파기에 힘이 들지 않으니 색동이에게는 안성맞춤입니다.

 그런데다가 지붕 밑이니 누구의 눈에도 띄지 않을 것입니다. 색동이는 오랫동안 돌아다닌 보람이 있어 기분이 좋았습니다. 그러고는 곧장 일을 시작했습니다.
"영차, 영차!"
 아기를 위해서라면 하지 못할 일이 없을 것 같습니다. 색동이는 이미 엄마의 마음을 고스란히 갖고 있었습니다.

이 세상에서 제일 좋은 집을 짓고
이 세상에서 제일 맛난 먹이를 준비해 주마
내 아가야

엄마가 구해 준 싱싱한 먹이는
너만을 위한 거란다
내 아가야

이 집은 네게 첫 세상
너를 살찌게 할 곳이란다
내 아가야

이 집 뚫고 또 다른 세상에 나오면
넌 훌륭한 마취 의사가 되겠지
내 아가야, 내 사랑하는 아가야

노래하다 보니 벌써 집이 다
완성되었습니다.

학교에서 본 여치 인형을 떠올리며 딱 그만하게 구멍을 판 것입니다. 집을 떠나기 전에 색동이는 집 문을 흙으로 살짝 덮어 닫아 두는 것도 잊지 않았습니다.

"자, 이제 사냥이다!"

 색동이는 마음을 굳게 먹고 휭 하고 날아 집을 떠났습니다.

 플라타너스 근처에 자리 잡은 색동이는 기웃기웃 여치가 나타나기를 기다렸습니다. 얼마나 시간이 지났을까요? 뽀시락뽀시락 풀 스치는 소리가 나더니 기다리던 여치가 나타났습니다.

"덩치만 크고 어리석은 놈!"

호령하며 여치 앞으로 썩 나섰는데 아, 이놈의 여치가 눈도 깜짝 않고 색동이를 멀뚱히 쳐다보는 것이었습니다.

"간도 큰 여치네. 나 같은 구멍벌을 보고도 도망갈 생각을 않다니!"

그러자 여치가 피식 웃었습니다.

"너야말로 정신 나간 구멍벌이구나. 난 수컷이야, 수컷!"

그제야 색동이는 깜빡 잊은 것이 생각났습니다.

수컷을 먹이로 했다간 소중한 아기가 영양실조가 될 것이라는 사실 말입니다.

색동이가 멍청히 서 있자 수컷 여치는 보란 듯이 펄떡펄떡 뛰어 나무 뒤로 사라졌습니다.

"큰일 날 뻔했잖아. 내가 이런 실수를 하다니."

색동이는 머쓱해져 붕 날아 장소를 옮겼습니다. 그러곤 알이 꽉 찬 암컷 여치를 기다렸습니다. 어디선가 찌르르찌르르 여치 우는 소리가 들려왔습니다. 색동이는 정신을 바짝 차리고 소리 나는 곳을 바라보았습니다. 아, 저기 여치가 나타났습니다. 척 보아도 저놈은 암컷이 분명했습니다.

'고맙구나! 넌 이제 우리 아기의 먹이다.'

색동이는 너무 기뻐 소리까지 지를 뻔했습니다.

여치는 무서운 구멍벌이 자기를 노리고

있는 줄도 모르고 팔딱팔딱 뛰어 색동이 앞으로 다가왔습니다.

"이때다."

색동이는 쏜살같이 암컷 여치를 덮쳤습니다.

한 번도 직접 해 본 적 없지만 색동이는 큰턱을 쫙 벌려 통통하게 살찐 여치의 등을 물었습니다.

여치는 깜짝 놀라 그 큰 몸을 버둥거렸지만 색동이가 위에서 누르는 힘을 당해 내지는 못했습니다. 색동이의 호리호리한 몸 어디에서 그런 힘이 솟는지 모를 일입니다.

 색동이는 자기 몸의 두 배나 되는 여치를 한순간에 꼼짝 못 하게 만들었습니다.

 그러곤 쉬지 않고 꽁무니를 굽혀 독침으로 여치의 가슴을 쏘았습니다. 순식간에 일어난 일입니다. 여치는 스르르 늘어지는 듯하더니 옴짝달싹도 못 했습니다. 이제 안심해도 될 것 같습니다.

 색동이는 두 번째로 목 아래를 노리고 여치를 꽉 눌렀습니다. 생각대로 여치의 목 아래가 크게 벌어졌습니다.

 색동이는 여치 가슴에 있는 신경절

을 찔렀습니다.

벌어진 목 틈으로 침을 쏜 것입니다.
이제 여치는 몸을 떨지도 못하고, 다리에 힘이 빠져 기거나 일어날 수도 없습니다.
"자, 이제 다 되었다!"
색동이는 맘껏 소리치며 기뻐했습니다.
그런데 혹시 이 여치가 진짜 죽은 게 아닐까 의심스러워졌습니다.

난생처음 해 보는 마취 수술이라서 색동이도 자기 실력을 믿을 수가 없던 것입니다.

 색동이는 숨을 죽이고 여치를 가만히 내려다보았습니다.

 그러자 여치의 긴 더듬이가 깔딱깔딱 움직이는 게 보였습니다. 더 자세히 들여다보자 배도 조금 떨리고 입도 달싹거리고 있었습니다.

 살아 있는 게 확실합니다.

색동이는 좋아서 어쩔 줄 몰랐습니다.

이제 색동이도 어엿한 마취 의사가 된 것입니다.

이 마취 기술은 물론 아기만을 위해 사용할 것입니다.

마취가 된 이 여치는 17일 동안은 충분히 살아 있을 것입니다.

지금부터는 살기 위해 꼭 필요한 심장 같은 기관만 희미하게 움직이게 됩니다.

그래서 아무것도 먹지 않아도 그렇게 오래 살아 있을 수 있는 것입니다.

에너지를 아주 조금밖에는 사용하지 않기 때문에 가능한 일이지요.

만약 이 여치에게 먹을 것을 주기라도 한다면 40일은 너끈히 버틸 수 있습니다.

그런데 마취당하지 않은 여치를 가둬 두면 5일 밖에는 견디지 못합니다.

밖으로 나가기 위해 발버둥을 칠 게 뻔하기 때문이지요.

밝은 곳에 가두면 더합니다. 밝은 곳에서는 더 활발히 움직이기 때문입니다. 그러니까 마취된 여치를 주어야 색동이의 아기가 오래오래 신선한 먹이를 먹을 수 있는 것입니다.

그냥 여치를 잡아 집 속에 넣어 둔다면 4~5일 만에 여치는 죽을 것이고, 죽은 여치는 곧 썩어 버릴 것입니다.

그러면 신선한 것만 먹는 애벌레는 먹을 것이 없어 함께 죽을지도 모를 일입니다.

또 마취도 안 하고 그냥 살아 있는 여치를 집 속에 넣어 두었다간 색동이의 아기가 어떤 봉변을 당할지 알 수 없습니다.

여치의 다리에 차여 큰 상처를 입을 위험도 있습니다.

즉, 마취시킨 먹이는 애벌레가 상처 입을 위험도 없고, 먹이가 오래 살아남아 썩지 않으므로 여러 가지로 좋은 것입니다.

더구나 이 여치는 유난히 통통하고 큽니다. 이제 집으로 옮기기만 하면 됩니다.

색동이는 기분 좋게 여치 위로 올라탔습니다. 그러다 문득 떠오르는 게 있었습니다.

"아 참, 집 구멍이 막혀 있지! 그것부터 뚫어 놓아야겠는걸."

색동이는 주위를 둘러보고 으슥한 곳에 여치를 밀어 넣었습니다.

그러곤 붕 하고 날아 집으로
갔습니다.

색동이는 서둘러 문을 열었습니다.

살짝 덮어 둔 흙만 걷어 내면 되는데 마음이 바빠서인지 더디게만 느껴집니다. 숨겨 놓은 여치가 무사히 잘 있을까, 그 생각만 가득했습니다. 그럴수록 일은 늦어졌습니다.

드디어 문이 활짝 열렸습니다. 색동이는 붕 하고 다시 여치에게로 돌아왔습니다. 여치는 색동이가 둔 그 자리에 그대로 있었습니다.

색동이는 여치 위에 올라탔습니다.

그런 뒤 여치의 긴 더듬이를 큰턱으로 꽉 물었습니다.

"자, 이제 진짜 가자! 우리 아기가 태어날 집으로."

색동이는 다리에 힘을 주어 조금씩 여치를 끌고 갔습니다.

날아가면 훨씬 빠르고 좋겠지만 색동이는 여치의 무게를 견딜 수가 없습니다. 이대로 끌고 가는 수밖에요.
 "아휴, 진짜 무겁네."
 그러나 그만큼 아기가 먹을 먹이가 충분하다는 뜻이겠지요. 그 생각을 하면 색동이는 힘이 새로 솟곤 했습니다. 플라타너스 그늘을 벗어나자 울퉁불퉁한 자갈밭이었습니다.

 여치를 끌고 가기가 여간 어렵지 않습니다. 자꾸 여치의 몸이 자갈에 걸리기 때문입니다. 이러다간 오히려 여치의 큰턱에 물릴지도 모르겠습니다. 생각하다 못한 색동이는 끙끙대며 여치를 들고 날아 보았습니다. 그러나 조금씩밖에는 날 수가 없습니다.

그래서 조금 끌다 조금 날다 그렇게 했습니다.

이제 어지간히 왔습니다. 색동이는 집이 가까워지자 걱정이 또 한 가지 생겼습니다.

"내가 생각보다 큰 여치를 잡았는데 집도 그만큼 컸던가? 좁아서 이 먹이가 들어가지 못하면 어쩌지?"

그 생각이 들자 색동이는 초조해서 견딜 수가 없었습니다.

"에이, 가서 확인해 보자."

색동이는 또 집으로 날아갔습니다. 역시 걱정했던 대로 집이 좀 좁은 듯합니다. 색동이는 집을 넓히는 공사를 시작했습니다.

문도 조금 더 넓혀야겠습니다.

흙을 파내며 일을 하던 색동이는 이번에는 두고 온 여치가 걱정되었습니다.

"지나가던 도둑놈이 내 먹이를 훔쳐 가면 어쩌지?"

색동이는 일을 하는 동안 내내 안절부절못했습니다.

어쨌거나 집은 조금 넓어졌습니다.

"아이고, 벌써 10분이나 지났네!"

색동이는 마취된 여치에게로 급히 날아가 보았습니다.

여치는 색동이가 내려놓은 그대로 뒤집혀 있었습니다.

색동이는 여치에게 다가가 아까처럼 타고 앉으려고 했습니다.

그런데 뭔가 이상한 느낌이 들었습니다.

"앗!"

색동이는 깜짝 놀라 붕 하고 날아올랐습니다.

여태 죽은 듯이 있던 여치가 큰턱을 벌려 색동이를 공격해 왔던 것입니다.

만약 조금이라도 늦었다면 색동이의 몸은 벌써 갈가리 뜯겨 나갔을지도 모릅니다.

색동이는 조금 물러나 휴 하고 한숨을 쉬었습니다. 생각만 해도 오싹합니다.

"너, 얌전한 척 있더니 날 공격해?"

여치가 투덜거렸습니다.

"네가 나라면 가만있었겠니? 내가 앞으로 어떻게 될지 뻔히 아는데 그저 가만히만 있으라고?"

색동이가 달래듯 말했습니다.

"그래도 난 널 죽이지는 않잖니. 그것만 봐도 내가 얼마나 신사적, 아니 숙녀적인지 알 거 아니야?"

여치가 흥 콧방귀를 뀌었습니다.

"그게 나를 위해서라는 거야? 웃기지 마. 네가 날 당장 죽이지 않는 건 다 네 아기를 위해

서잖아. 내가 그것도
모르는 바보인 줄 알았니?"
 색동이는 큼큼 헛기침을
했습니다.
 "아무튼 너는 이미 다 끝난
거나 다름없잖아. 그러니 그렇
게 발버둥 치지 마. 내가 마음이
변해 널 이대로 그냥 놔둔다고 해도
넌 17일 정도만 살 수 있을 뿐이야.

정말 운이 좋아 네가 누운 그 자리에 하늘에서 설탕비를 내려 준다 해도 넌 40일을 살 뿐이라고. 그것도 꼼짝없이 누운 채로 말이야. 그러니 더 이상 나를 힘들게 하지 말고 순순히 내 아기의 밥이 돼 주는 게 어때?"

여치는 들은 척도 하지 않았습니다.

색동이도 입을 다물고 다시 여치 위로 올라섰습니다.

이번에는 아주 조심조심 여치의 큰턱을 피했습니다. 자세가 잡히면 색동이의 다리가 길기 때문에 여치의 큰턱에 물릴 염려는 없습니다.

그 대신 여치를 끌고 가다 돌부리나 풀뿌리에 걸려 넘어지지 않도록 신경을 써야 합니다. 색동이는 한 발 한 발 집으로 다가갔습니다. 이제 조금만 더 가면 됩니다. 그런데 아까부터 자꾸 헛발질을 하고 있는 것 같습니다.

아무리 힘을 써도 앞으로 나아가지 못합니다. 색동이는 잠시 멈춰 뒤를 돌아보았습니다. 역시 여치가 말썽을 부리고 있었습니다. 여치가 풀에 발톱을 걸고 버티고 있었던 것입니다.

색동이는 화가 났습니다.

"내가 그렇게 얘기를 했는데도 고집을 부려? 넌 아무리 그래도 안 된다니까!"

여치도 지지 않고 쏘아붙였습니다.

"난 끝까지 포기하지 않아! 네 아기의 밥이 되느니 굶어 죽는 게 낫다고!"

"그렇다면 할 수 없지."

색동이는 가던 길을 멈추고 여치의 등에 올라탔습니다.

그러곤 여치 목의 관절을 눌러 쫙 벌렸습니다. 다음엔 큰턱으로 여치의 목덜미를 잡고 머리 깊숙한 곳을 더듬는 것처럼 하면서 깨물었습니다.

뇌의 신경절을 깨문 것입니다. 이때는 독침을 쓰지 않습니다. 뇌의 신경절을 독침으로 쏘면 그대로 죽어 버리기 때문입니다. 색동이의 이 간단한 수술로 끝까지 기세등등하던 여치는 쭉 뻗어 버렸습니다.

완전히 죽은 것처럼 보이기도 합니다.

그러나 몇 시간만 지나면 여치는 아무 일도 없었던 것처럼 다리, 더듬이, 산란관, 입 주위 수염, 그리고 큰턱도 움직일 수 있습니다.

완전히 수술 전의 상태로 돌아가는 것입니다.

그러니까 이 수술은 벌집 속으로 운반할 때 필요한 시간을 버는 수술인 셈입니다.

더 이상 저항하지 못하게 하는 것이지요.

여치를 데리고 건물 앞까지 왔습니다.

올려다보니 건물이 꽤나 높아 보입니다.

혼자 날아다닐 때는 그걸 못 느꼈는데 여치를 끌고 올라갈 생각을 하니 막막하기만 합니다.

"어이구, 여기를 어떻게 올라가지?"

날아갈 수는 없습니다.
"그렇다면 기어가는 수밖에……"

색동이는 마음을 정하면 곧장 움직이는 구멍벌입니다.

색동이는 무거운 여치를 안고 수직의 벽을 똑바로 기어 올라 갔습니다.

다리가 자꾸 미끄러졌습니다. 그래도 색동이는 여치를 놓치지 않았습니다.

다행히 벽 표면에 약간 거친 곳이 드문드문 있었습니다.

색동이는 거기에 다리 끝부분에 난 발톱을 걸고 올라갔습니다.

그뿐만이 아닙니다.

색동이는 놀랍게도 땅에서와 같은 속도로 올라가고 있었습니다.

"영차, 영차!"

마침내 꼭대기까지 다 왔습니다.

색동이는 가쁜 숨을 몰아쉬고 여치를 집 앞에 두었습니다.

그런데 저런, 색동이는 여치를 지붕 난간에 아슬아슬하게 걸쳐 두었습니다.

그러고는 다시 집 안을 살피러 들어가 버렸습니다.

"내 아기가 살 곳인데 잘 꾸며 주어야지."

그 생각뿐입니다.

집 밖에 둔 여치는 어떻게 될까요?

색동이가 집 안 정리로 바쁜 사이 건들건들 걸쳐 있던 여치가 기어이 땅바닥으로 떨어지고 말았습니다.

 집 정리를 마치고 밖으로 나온 색동이는 여치가 감쪽같이 사라진 것을 보고 어리둥절했습니다.

 "분명히 여기 뒀는데, 이게 어디로 갔지? 설마 내 마취가 풀린 건 아니겠지?"

 초조하게 이리저리 찾아 헤매던 색동이는 땅바

닥에 떨어져 있는 여치를 보았습니다.

"기가 막혀라. 왜 저기 떨어져 있는 거야?"

색동이는 여치를 다시 끌고 올라올 것을 생각하니 아득하기만 했습니다. 7~8미터나 되는 높이를 또 기어올라 가야 하니까요.

"내가 생각이 짧았어. 이런 데다가 집을 짓다니."

그러나 다시 생각해 보면 자기가 좀 힘이 들어서 그렇지 아기에게는 더할 수 없이 좋은 집이 될 것입니다.

그 생각이 들자 색동이는 다시 한번 힘이 났습니다.

"그래. 이까짓 것 내가 좀 참으면 되는 걸."

색동이는 다시 땅으로 내려가 여치를 끌고 올라왔습니다. 그리고 이번에는 여치를 안고 집까지 곧장 들어갔습니다. 색동이의 집까지 끌려온 여치는 마지막 발버둥을 쳤습니다.

그러나 그것은 몸이 조금 부르르 떨리는 정도밖에는 되지 않았습니다. 거꾸로 뒤집힌 여치는 몸을 꿈틀거리는 것 말고는 할 수 있는 것이 없었습니다. 다리 끝에 힘이 조금 돌아왔지만 벽에 다리를 뻗치고 일어나기에는 방이 너무 넓었습니다.

 색동이는 태연하게 그 여치 위로 올라가 알을 낳았습니다. 가장 안전한 곳, 바로 여치의 뒷다리 윗부분에 낳은 것입니다.

그곳은 여치가 전혀 힘을 쓸 수 없는 곳입니다.

결국 여치는 힘없는 색동이의 알에게 어떤 영향도 줄 수 없게 되었습니다.

색동이는 그 모든 것을 확인하고 집 밖으로 나왔습니다.

"내 아기는 무사할 거야. 아니, 무사할 뿐 아니라 저 여치를 먹고 건강하게 자라겠지."

안심하고 밖으로 나온 색동이는 정성 들여 입구를 막기 시작했습니다.

꽁무니를 집 쪽으로 두고 뒷다리를 사용하여 입구 밖의 흙을 집 쪽으로 퍼부었습니다.

입구가 다 막혔습니다.

그래도 색동이는 뭔가 빠진 것 같습니다.

"더 안전한 게 좋겠지?"

색동이는 큰턱으로 모래알을 파내어 집 입구에 하나하나 쌓았습니다.

그러고는 이마로 밀고 큰턱으로 두드려 단단하게 다졌습니다.

그제야 색동이는 고개를 끄덕였습니다.

"아무도 내 아기의 집을 건드릴 순 없어."

엄마처럼 마취 의사가 될래요!

할 일을 다 마친 색동이는 집을 떠나 한가하게 이리저리 날아다녔습니다.

그러다 어느 비탈길을 거슬러 올라가게 되었습니다.

그때 어디선가 귀에 익은

잉잉 하는 날갯짓 소리가 들려왔습니다.

색동이는 소리가 난 쪽으로 날아가 보았습니다. 역시 잉잉이였습니다.

색동이는 '잉잉아.' 하고 부르려다가 말았습니다.

잉잉이가 무척 바빠 보였던 것입니다.

잉잉이는 그때 비탈 중간에 있는 집 문을 열고 있었습니다.

 그 옆에는 잉잉이가 마취시킨 귀뚜라미가 네 마리나 쌓여 있었습니다.
 "어휴, 네 마리씩이나 사냥하다니 굉장히 힘들었겠다."
 색동이는 열심히 일하는 잉잉이를 방해하고 싶지 않았습니다. 그래서 잉잉이가 일하는 모습을 조용히 지켜보기로 했습니다.

그런데 잉잉이가 잡은 귀뚜라미 중 하나가 툭 하고 비탈 아래로 떨어졌습니다.

"저런!"

색동이는 저도 모르게 붕 하고 날아올랐습니다. 그러나 잉잉이는 그것을 아는지 모르는지 집 안 꾸미기에만 열심이었습니다.

색동이는 다시 그 자리에 멈췄습니다.

"귀뚜라미를 집에 넣을 때 알아채겠지 뭐. 그럼 바로 찾을 테고."

색동이는 그냥 두고 보기로 했습니다.

잉잉이는 집 단장이 끝났는지 귀뚜라미를 하나하나 끌고 들어갔습니다.

한 마리, 두 마리, 세 마리.

귀뚜라미 세 마리를 집어넣었습니다.

"이제 나머지 한 마리를 찾겠지?"

색동이는 그렇게 생각했습니다.

그런데 집 속에 들어간 잉잉이는 아직 나오지 않았습니다. 잠시 뒤 나타난 잉잉이는 아무렇지도 않은 듯 집 입구를 막고 있었습니다. 색동이는 깜짝 놀랐습니다.

"아니, 세 마리만 넣고 알을 낳았나 보네?"

색동이가 어쩔 줄 몰라 하는 동안 잉잉이는 부지런히 집 입구를 다 막아 버렸습니다.

색동이는 고개를 절레절레 흔들었습니다.

"학교 다닐 때도 수학을 못하더니 아직도 그러네. 그나저나 셈 못하는 엄마 때문에 잉잉이 아기가 배를 곯겠다. 아유, 불쌍해서 어쩌나."

걱정도 잠시, 오랜만에 만난 두 구멍벌은 반갑게 인사를 했습니다.

"난 이만큼 커다란 여치를 사냥했어. 굉장히 무거운 놈이었지."

"내가 그랬나? 하긴 그때야 엄마가 되기 전이었으니까."

잉잉이도 맞장구를 쳤습니다.

"맞아. 난 귀뚜라미를 네 마리 잡았어. 정말 다리 힘이 굉장한 놈들이었지. 삐죽삐죽한 가시가 붙은 그 다리는 보기만 해도 기분이 나쁠 정도였다니까. 나도 엄마가 아니었다면 그런 사냥은 하

지 않았을 거야."

색동이는 잉잉이가 네 마리를 잡고서 세 마리만 집에 넣었다는 것을 말해 줄까 고민하다가 참았습니다.

그 말을 들으면 잉잉이가 부끄럽기도 하고 아기들 걱정에 마음이 상할 것 같았기 때문입니다.

이미 알도 낳았고 문도 닫았으니 어쩔 수 없는

일인 것입니다.

색동이와 잉잉이는 수다를 떨며 그곳을 떠났습니다.

색동이와 잉잉이가 만든 집 속에서는 아기들이 무럭무럭 자랄 것입니다.

이제 곧 깨어나 엄마가 준비해 주신 먹이를 파먹게 되겠지요.
 엄마의 마취 실력 덕분에 아무 위험도 느끼지 않고 큰 먹이인 여치와 귀뚜라미를 마음껏 물어뜯을 것입니다.

먹이들의 날카로운 발톱이나 강한 큰턱도, 칼 같은 산란관도 애벌레가 된 아기들에게는 닿지 않기 때문입니다.

맛있게 먹이를 먹던 애벌레가 어느 날 이렇게 중얼거릴지도 모릅니다.

"우리 엄만 마취 의사인가 봐. 나도 커서 마취 의사가 되어야지."

파브르 할아버지와 손녀 루시는 구멍벌 색동이와 잉잉이의 마취 솜씨에 감탄했습니다. 애벌레들을 위해 먹이를 잡아 마취시키고, 무거운 먹이를 힘겹게 옮기는 구멍벌의 사랑에 감동한 것입니다.

 루시는 구멍벌의 사랑을 보며 할아버지의 사랑을 다시 한번 느꼈습니다. 루시와 파브르 할아버지는 설레는 마음으로 사마귀 여행을 떠날 채비를 합니다.

다음 이야기에서 파브르는
손녀 루시와 사마귀 여행을 떠납니다.

구멍벌은 사냥감을 왜 살려 둘까?

구멍벌은 벌목 구멍벌과에 속하는 사냥벌들입니다. 몸은 보통 검은색인데, 노란색이나 붉은 색의 무늬를 가진 것도 있습니다. 다리는 가늘고 깁니다. 암컷이 다른 곤충을 독침으로 마비시키고, 이 곤충에 알을 낳습니다. 이 알이 애벌레가 되면 마비된 먹이를 먹고 자랍니다. 사냥감을 죽이지 않고 독침으로 마비만 시키는 이유는, 벌의 애벌레는 죽어서 썩은 먹이는 먹지 않기 때문입니다. 종류에 따라서 여치나 메뚜기, 거미 등을 사냥합니다. 이 동화 속에 나오는 랑그도크구멍벌은 암컷 여치를 애벌레의 먹이로 사냥합니다. 암컷 여치의 배 속에는 알이 있어서 그만큼 영양분이 많습니다. 그런 먹이라야 구멍벌의 애벌레들이 충분한 영양을 섭취하고 잘 자랄 수 있습니다.

장 앙리 파브르 Jean Henri Fabre
일생을 바치다

　장 앙리 파브르는 평생을 곤충과 함께 살며 실험과 연구를 한 곤충학자입니다. 1823년 12월 남프랑스 레옹에서 가난한 농부의 아들로 태어났으며, 집안이 매우 어려워 네 살 때부터 할아버지 댁에 맡겨져 자랐습니다. 1839년 아비뇽 사범학교에 입학, 졸업 후에는 카루판트라스 초등학교 교사를 지냈으며, 1849년 코르시카 중학교의 물리 교사가 되었습니다. 이때 식물 채집을 하러 온 툴루즈 대학의 식물학자 탕드레 교수를 알게 되었고, 그 영향으로 생물학을 공부하게 되었습니다.

그 후, 곤충학자인 레옹 뒤푸르의 논문을 읽고 곤충의 생태 연구에 일생을 바치기로 결심했습니다. 1871년 학교를 그만둔 파브르는 어린이를 위한 과학 이야기를 썼으며, 1879년 '곤충기'를 쓰기 시작하여 30년 만인 1909년에 10권을 완성했습니다.

《파브르 곤충기》는 세계 자연과학계에서 그 전례를 찾아볼 수 없는 위대한 기록물로, 살아 있는 곤충에 대한 관찰과 실험, 연구를 통해 곤충의 세계를 관찰한 대기록입니다. 곤충이 어떻게 집을 짓고, 어떻게 새끼를 치고, 어떻게 살아가는지 등의 생태를 아주 상세하게 그리고 있습니다.

이 작품은 1915년 파브르가 세상을 떠날 때까지 열정적으로 연구했던 신비로운 곤충의 세계를 통해, 컴퓨터 백과사전이 발달한 현대 사회에서도 여전히 우리에게 새로운 지식과

흥미의 세계를 열어 주고 있습니다.

파브르 곤충기가 귀중한 것은 단순히 그것이 전해주는 정보와 지식 때문만은 아닙니다. 세상을 바라보는 발상의 전환, 창의적인 시선, 독창적인 세계관을 갖게 해 주는 파브르 곤충기는 어린이와 어른 모두가 평생을 곁에 두어야 할 자연과학의 클래식입니다.

여러분은 파브르와 함께 우리 주변의 흔한 곤충을 다시 새롭게 바라보고, 생물 관찰을 통한 깊이 있는 사고를 통해 자연의 의미를 되새기는 인문학적 교양을 넓힐 것입니다. 또한 생명에 대한 철학적이고도 비판적인 질문하기를 통해, 우리가 자연 속의 생명체와 더불어 숨 쉬고 있는 존재임을 깨닫게 되길 바랍니다.